uma
JORNADA
na
DIRECÇÃO
CORRECTA

Pensamentos sobre discipulado para jovens

Uma jornada na direcção correcta
ISBN 978-1-56344-715-0

© 2009 Eurasia Discipleship Ministries.
Gustavo Crocker, Ed Belzer, Clive Burrows, Tim Evans,
Jayme Himmelwright, Kyle Himmelwright, Todd Waggoner
and Sabine Wielk.

introdução

Cristianismo. Santidade. Ministério. Existem algumas perguntas comuns acerca destes temas que muitos de nós já colocámos, e já foram feitas por outros antes de nós. Alguns de nós parámos para reflectir sobre tais perguntas, e como é normalmente o caso, acabámos por ficar ainda com mais perguntas pessoais. Também as anotámos, para que juntamente contigo, possamos embarcar nesta jornada.

O que tens na tua mão é apenas o começo. Estas são apenas algumas perguntas e o começo de respostas. Não se pretende que elas sejam completas ou compreensivas. Elas servem apenas para iniciar o teu pensamento. E juntamente com outros que estão nesta jornada, e com a ajuda de Deus, gostaríamos de descobrir mais respostas.

Não há nenhuma prescrição para usar este material, mas certamente funcionará melhor se explorares as perguntas e respostas com pessoas à tua volta. Quer façam isso sentados nos bancos de uma igreja ou à volta de uma mesa no vosso café favorito é convosco. Tudo o que pedimos é que honestamente procurem respostas para além daquelas que são dadas, e que não parem de colocar estas, e outras questões.

Também pedimos para nos ajudarem a desenvolver este material. Se quiserem, podem transformá-lo num roteiro e gravar um vídeo, organizar um painel de perguntas e respostas, desenhar uma ilustração ou enviar-nos os vossos pensamentos por escrito, gostaríamos muito de os receber. Com a vossa permissão, gostaríamos também disponibilizar as vossas contribuições para outros. Por favor, enviem os vossos pensamentos, comentários e ideias que gostariam fossem compartilhados com outros para o endereço de e-mail journey@eurasiaregion.org – para consultarem actualizações de outros verifiquem o site www.eurasianazarene.org (ligação "resources").

Que Deus nos dê coragem e perseverança para fazer as perguntas difíceis no percurso desta jornada, e a abertura para ir onde isso nos levar.

Vossos Companheiros de Viagem,
Clive, Ed, Jayme, Kyle, Sabine, Tim & Todd

capítulo um

CRISTIANISMO: O GRANDE PLANO

1.1 Como é Deus
1.2 A História Que a Bíblia Conta
1.3 O Papel de Jesus
1.4 O Que Acontece no Fim

por Jayme Himmelwright

1.1 Como é Deus

P: Já ouvi Deus ser descrito de tantas formas (carinhoso, juiz, presente em todo o lugar, no céu, vigiando, em acção). Então como é Deus realmente?

Deus é amor. As fibras de quem Deus é são amor. Deixa-me explicar. Ok, por um instante vamos mergulhar um pouco mais fundo. Para poder amar, é preciso ter alguém para amar, certo? Em Deus encontramos três pessoas (o Pai, o Filho e o Espírito Santo) que se amam uns aos outros (João 17). Deus é um círculo de amor. Isto quer dizer que a própria pessoa de Deus incorpora o amor. Contudo, o amor de Deus não é egocêntrico e esta é a razão porque Ele não se satisfez com apenas guardar o Seu amor para Si mesmo. Pelo contrário, o amor de Deus está sempre a movimentar-se d'Ele para amar outros. Foi por esta razão que Ele nos criou: para poder amar-nos. No Seu amor, Deus está sempre à procura de um relacionamento connosco.

6 uma Jornada Na Direcção Correcta

Deus é tão grande que nós nunca conseguiríamos defini-Lo com a nossa compreensão e linguagem limitadas. Contudo, amor abrange todas as Suas características. Este amor é o que separa Deus de tudo o resto e O torna santo. Temos de lembrar que este não é um tipo de amor exageradamente emotivo e sentimentalista. É um amor que requer auto-negação e disciplina. É um amor que é verdade (Romanos 12:9).

Perguntas para Debate

1. Qual a tua percepção de Deus?

2. Compreende-Lo apenas numa forma (por exemplo, apenas como um juiz), ou podes ver as Suas muitas dimensões?

3. Conheces Deus como Amor? Como podes conhecer Deus mais completamente?

1.2 A História Que a Bíblia Conta

P: Já li partes da Bíblia e não consigo ver a ligação entre os profetas do Velho Testamento e os Evangelhos do Novo Testamento, ou entre os Salmos de David e as cartas de Paulo.

A Bíblia é a história do amor de Deus. Desde o começo dos tempos que Deus tem trabalhado para que haja um perfeito relacionamento na Sua criação. Deus tinha um relacionamento com Adão e Eva, mas eles quebraram-no e essa relação continuou quebrada durante gerações. Então, Ele escolheu a família de Abraão, os israelitas, para ser o Seu povo especial. Deus não fez isto porque os amava só a eles e desistira do resto do mundo. Pelo contrário, Ele deu aos israelitas uma responsabilidade especial. Eles deveriam mostrar ao resto do mundo quem Deus era para que as outras nações e povos viessem também a ter um relacionamento com Ele (Génesis 12:2-3, Êxodo 19:5b-6). Contudo, os israelitas não fizeram bem o seu trabalho. Eles afastaram-se de Deus, por isso Ele deixou-os ter reis para os guiar (I Reis 8:41-43, Salmo 67:1-4). Ainda assim eles voltaram as costas a Deus, por isso Ele enviou-lhes profetas para os avisarem, mas eles não deram ouvidos (Isaías 2:2-4, Isaías 66:18-21, Jeremias 1:5).

Então Deus fez a coisa mais amorosa possível (João 3:16; I João 4:9-12). Veio ao mundo na forma de um ser humano para restaurar o relacionamento entre Ele e a humanidade. Jesus deixou com o mundo dois importantes presentes para que O substituíssem quando Ele se fosse embora. Primeiramente, deu o Espírito Santo – a presença de Deus connosco todos os dias – para nos ajudar a ter um relacionamento correcto com Ele. Segundo, Ele estabeleceu a igreja. A igreja é agora o povo de Deus. A nós é dada a responsabilidade especial de O mostrar ao mundo, para que as pessoas possam estar em relacionamento com Ele (Mateus 28:18-20; Actos 1:8).

O resto do Novo Testamento é a história de como mais e mais pessoas vieram a alcançar um relacionamento correcto com Deus à medida que a igreja crescia. Finalmente, no Apocalipse, temos uma imagem do que um dia há-de ser – todas as nações congregadas juntamente diante de Deus – o cumprimento do amor de Deus (Apocalipse 5:9-10, 7:9-10). Como podes ver, a Bíblia é uma história contínua da procura amorosa de Deus de todos os povos.

Perguntas para Debate

1. Como podes relacionar as perspectivas que temos de Deus no Velho Testamento às que temos de Deus no Novo Testamento?

2. A nossa crença que Jesus veio para revelar Deus mais completamente apresenta uma outra perspectiva?

1.3 O Papel de Jesus

P: Compreendo que Jesus morreu pelos meus pecados, mas foi apenas por esta razão que Ele veio ao mundo?

Jesus era tanto completamente Deus como completamente homem. (Não te preocupes. Não tens de compreender isso totalmente. É um mistério no qual cremos.) Assim sendo, Jesus revelou-nos tanto Deus como a humanidade.

Primeiramente, Jesus mostrou-nos quem Deus verdadeiramente é (Lucas 10:22, João 14:9, João 17:6). Pela primeira vez na história, a humanidade foi capaz de ver Deus numa forma concreta e física. Fomos capazes de conhecê-lo, amá-lo e relacionarmo-nos com Ele duma forma mais completa.

Em segundo lugar, Jesus mostrou-nos como a humanidade deveria ser. Génesis 1:26 diz que fomos feitos à imagem de Deus. Isto significa que podemos ter um relacionamento com Deus e com os outros. Jesus mostrou e ensinou como é estar num perfeito relacionamento com Deus e viver num relacionamento altruísta e amoroso com os outros (Marcos 12:29-31). Ele mostrou-nos como usar o poder e os recursos altruistamente. Jesus deu-nos a conhecer como seremos um dia. Jesus pintou um quadro de como seremos na eternidade e nos ensinou como viver no presente (João 17).

Finalmente, Deus não nos abandonou quando Jesus ascendeu aos céus. Pelo contrário, Deus, o Espírito Santo, permaneceu connosco para nos capacitar a viver de forma correcta com Deus e com os outros (João 14:15-20).

"E oro para que, estando arraigados e fundados em amor, possais perfeitamente compreender, com todos os santos, qual seja a largura, e o comprimento, e a altura, e a profundidade e conhecer o amor de Cristo, que excede todo o entendimento, para que sejais cheios de toda a plenitude de Deus" (Efésios 3:17-19).

Perguntas para Debate

1. O que aprendemos de Jesus sobre Deus?

2. O que aprendemos de Jesus sobre como a humanidade deve ser?

1.4 O Que Acontece no Fim

P: Eu tenho amigos que são boas pessoas mas não são cristãos. Não compreendo como é que Deus os castiga e não aos cristãos maus que conheço na igreja. Há alguma esperança para eles?

Esta é uma pergunta difícil de responder. Honestamente, acho que apenas Deus sabe a resposta. Podemos ver ambos os lados. Deus é amoroso e misericordioso, mas Ele também é justo. "O Senhor é longânimo, grande em beneficência, que perdoa a iniquidade e a transgressão, que o culpado não tem por inocente" (Números 14:18).

Deus é justo. Há muitas parábolas e ensinamentos que falam sobre o julgamento final. Muitas passagens das Escrituras declaram que poucos entrarão no céu (Mateus 7:13-14, I Pedro 4:18). A Bíblia também nos ensina que Jesus é o único caminho para o Pai (João 14:5-6, Actos 4:12).

Por outro lado, Deus é amor. Será que Deus mostrará misericórdia? Ele olhará para os motivos do coração? A Sua justiça tomará as circunstâncias em consideração (Romanos 2:12-16)? A Bíblia diz-nos "que no nome de Jesus se dobre todo o joelho dos que estão nos céus, na terra e debaixo da terra, e toda a língua confesse que Cristo Jesus é o Senhor para glória de Deus Pai" (Filipenses 2:10-11). Não acho que podemos colocar Deus "numa caixa" e limitar o que Ele pode e vai fazer. Deus é o juiz final e é um Deus de esperança.

A única coisa que temos plena certeza é que através de Jesus somos salvos (João 3:16). Nesta vida, temos de viver para Deus e compartilhá-Lo com outros. Deus, na Sua sabedoria, na altura própria saberá o que fazer com os que não O aceitaram.

Perguntas para Debate

1. Temos de compreender completamente tudo acerca de Deus?

2. Como podemos viver com o mistério?

CRISTIANISMO: O PROPÓSITO DA IGREJA

por Ed Belzer

2.1 Ser uma Família

P: Há pessoas na minha igreja que me enlouquecem. Tenho mesmo de ir à igreja e ter comunhão com elas?

Sim. Próxima pergunta?

Brincadeira! Na verdade, fomos criados para nos relacionarmos uns com os outros, e Deus quer relacionar-se connosco. Contudo, os relacionamentos são muito difíceis. Observa o nosso mundo: há conflitos por todo o lado. E muitas vezes estes conflitos acontecem dentro da igreja, ao ponto de

existirem pessoas na nossa igreja que nos enlouquecem. Não estás sozinho. Esta é uma daquelas questões com as quais temos de lutar.

Vamos voltar ao contexto da grande comissão que Jesus nos deu em Mateus 22:34-40. Para nós, ser e fazer o que Deus nos chamou para ser e fazer, só pode acontecer quando amamos Deus com todo o nosso coração, alma e mente. No momento em que começamos a amá-Lo desta forma, então começaremos a ter a capacidade de verdadeiramente amar o que Deus ama: pessoas.

Ao lidar com pessoas que me enlouquecem, penso sobre o facto de Deus nos ter criado a todos segundo a Sua imagem (Génesis 1:26). Portanto, todas as pessoas, independentemente da sua aparência, a sua perspectiva, a sua atitude, o seu comportamento, o seu temperamento ou seja lá o que for, foram criadas por Deus. Ele ou ela é amado por Deus e de tal forma que Ele se dispôs a morrer por eles. Tenho de ter isto sempre em mente de forma a poder lidar com as pessoas da minha igreja que me enlouquecem.

O mandamento é para amarmos a todos; contudo, isto não quer dizer que temos de ser os melhores amigos de todos. Significa que temos de fazer o nosso melhor para viver "em paz" com aqueles que estão na igreja.

Observa o capítulo 4 de Efésios. Neste capítulo, Paulo sugere-nos algumas boas ideias sobre como lidar com pessoas na igreja. Já houve momentos em que tive de ir a este capítulo vez após vez e orá-lo para a minha vida. O versículo 2 fala precisamente sobre o nosso relacionamento com os outros. Cheguei à seguinte conclusão: eu sabia que era trabalhoso estar com pessoas que não são cristãs (sabem, aquele conceito que pecadores fazem coisas pecaminosas). Portanto sei que é difícil, e que é preciso muita paciência e muito amor para se estar com pessoas que não frequentam a igreja. Mas eu tinha a impressão que era mais fácil estar com as pessoas que estão na igreja.

Mas no versículo 3, fui confrontado com as palavras de Paulo sobre o assunto: "procurando guardar a unidade do Espírito no vínculo da paz." Ele disse que seria necessário algum esforço, algum trabalho e ainda assim não seria nada fácil relacionarmo-nos com outras pessoas.

Algumas vezes é muito mais difícil estar com as pessoas que mais amamos, simplesmente porque as conhecemos tão bem. Conhecemos as suas fraquezas, sabemos quem são, e a verdade é que todos temos na nossa vida algumas coisas que normalmente tendem a irritar os outros.

Na minha família há pessoas que me enlouquecem, mas ainda assim continuam a ser a minha família. A Igreja é o corpo de Cristo, a "família de Deus." Temos de fazer tudo quanto nos for possível para viver em paz com todos.

Perguntas para Debate

1. Quem são as pessoas que te enlouquecem, e porque te enlouquecem?

2. Que "imagem de Deus" vês nas suas vidas?

3. Indica uma coisa que podes apreciar nessas pessoas?

4. De que formas podes orar por estas pessoas?

5. Que coisas em ti podem enlouquecer outras pessoas?

2.2 Distribuir Graça

P: Parece que Jesus convivia e perdoava algumas das piores pessoas e mais mal-encaradas. Como pode a igreja ser mais como Cristo?

Tens toda a razão de que Jesus veio e conviveu com a pior espécie de pessoas da terra. Lemos sobre esta atitude de Jesus na história de Zaqueu em Lucas 19:1-10. Ele sabia que as pessoas estavam "murmurando" sobre o Seu relacionamento com os "pecadores" e disse-lhes, "O Filho do Homem veio buscar e salvar o que se havia perdido."

Temos de lembrar que um dos propósitos da igreja é alcançar aqueles que não conhecem Jesus! É fácil para a igreja tornar-se só num lugar seguro onde os seus membros podem esconder-se e ficar em segurança. Contudo, temos de lidar com algumas realidades.

Se como cristão convives com "pecadores", um influenciará o outro. Ou os ganhas para Cristo ou eles afastar-te-ão d'Ele. És suficientemente forte para influenciar os outros para Cristo ou serão eles a influenciar-te para te afastares?

Quando eu era adolescente, não podia frequentar os bares por causa do álcool. Eu não era suficientemente forte para lidar com a tentação que isso acarretava. Hoje, o álcool não constitui nenhuma tentação para mim, e estar perto dele não me influencia de forma alguma, na verdade até sinto compaixão para com as pessoas cujas vidas são controladas por esta substância.

Na igreja enfrentamos um grande desafio: ganhar pessoas para Cristo e então ajudá-las a crescer na fé. Muitas igrejas são boas em alcançar pessoas, mas depois têm dificuldades em discipulá-las. A nossa responsabilidade não é apenas ver alguém "ser salvo"; também sabemos que há uma vida inteira de aprendizagem e crescimento na fé. Pode até parecer mais emocionante alcançar novas pessoas para Cristo, mas também queremos vê-las crescer e guardar a sua fé até ao dia em que forem para o Céu.

Em Actos, lemos o relato da igreja primitiva. Lucas diz que 3.000 pessoas foram acrescentadas à igreja num único dia. Mais tarde ele diz que todos os dias se reuniam para partir o pão, orar e rever os ensinamentos dos apóstolos (Actos 2:42). Primeiro temos de estar fundamentados na fé em Jesus Cristo; depois então poderemos conviver com pessoas que desesperadamente precisam d'Ele.

A verdade é que a igreja tem pessoas em todos os níveis de espiritualidade. Algumas querem apenas saber o que significa ser cristão; algumas acabaram de aceitar a Cristo; outras estão crescendo na fé, e algumas são cristãos consagrados e conscientes, as quais consideraríamos como sendo maduros. Devemos continuar a alcançar novas pessoas, e depois ajudá-las a crescer na sua fé.

Como igreja há várias formas através das quais podemos exercitar a nossa fé e alcançar pessoas. Uma ideia é ser voluntário como igreja ou como grupo de jovens numa obra social que ofereça comida aos sem-abrigo. Contaram-me a história de um grupo de jovens que angariou fundos todos os meses para ajudar a conseguir um apartamento para mulheres que estavam a tentar sair da prostituição. Uma outra acção seria tão simplesmente sentar-se com aquela pessoa que normalmente se senta sozinha na igreja.

Perguntas para Debate

1. Quais são algumas das maiores tentações que enfrentas?
2. Se tivesses de sair com alguns dos teus "piores" amigos, quem influenciaria quem?
3. Quem são os estudantes da tua escola que poderiam beneficiar em ter um amigo como tu?
4. Que ideias darias à tua igreja sobre como alcançar pessoas na zona aonde vives?

2.3 Reconciliar as Pessoas com Deus

P: A minha igreja parece dar muita atenção aos estilos de adoração e o que as pessoas devem vestir na igreja. Há alguma coisa mais importante que a igreja deveria estar a fazer?

Fico triste por parecer que uma grande parte da nossa igreja está concentrada em discutir estilos de adoração e o que vestimos para adorar a Deus. A Igreja foi criada para ser a voz, as mãos e os pés de Jesus Cristo. Como igreja, a nossa tarefa é representar Cristo no mundo; é isto que deveríamos "estar a fazer." Tudo isto pode ser resumido em dois pequenas declarações: "Amar a Deus" e "Amar ao próximo."

A tua pergunta parece-me querer realmente questionar, como é que nós como igreja adoramos genuinamente a Deus, e como realmente amamos os outros?

O que chamamos de "guerras de adoração" é uma questão que já vem de longe, questionando como melhor adorar a Deus. Em parte, esta "luta" existe porque cada um de nós tem diferentes formas pelas quais parecemos ligar-nos melhor a Deus. Para a geração que cresceu com hinos, esse tipo de música ajuda-a a melhor se relacionar melhor na adoração. A geração actual parece relacionar-se melhor com Deus através da música dirigida pelas bandas. O perigo para ambos os lados é começarmos a adorar "estilos" e não Deus.

Algum grau de aprendizagem e crescimento precisa ocorrer em todas as nossas vidas. Todas as gerações têem coisas para aprender e ensinar umas às outras.

O que vestimos pode, à primeira vista, parecer trivial; contudo, o mesmo pode também ter a sua profundidade. Por exemplo, quando se aprende a jogar futebol, primeiro aprende-se as regras básicas do jogo. A partir do instante em que se compreende os limites e os princípios do jogo, eles tornam-se naturais (por exemplo, como fazer um passe, conservar a bola, regras do lançamento lateral, etc.) Com estas bases então já se pode começar a trabalhar em jogadas de níveis mais elevados de aprendizagem.

Muitas vezes parece que fazemos uma grande tempestade num copo de água. A verdade é que se nós na igreja estivermos realmente solidificados nos princípios básicos daquilo que a igreja deve fazer e como devemos viver a nossa vida, então poderemos avançar para outras coisas. Nalguns ambientes, as pessoas acreditam que devemos dar o nosso melhor para Deus, e essa é a razão porque nos vestimos bem. Em outros ambientes, impera a mentalidade "vem tal como estás" porque "o que importa é o coração." Precisamos encontrar um equilíbrio entre os dois rumos de pensamento.

Vê o que Actos 6:1-7 diz. Os desentendimentos na igreja primitiva estiveram relacionados com a distribuição de comida e a necessidade de pregar e ensinar. Alguns discípulos foram chamados para liderar a adoração, outros para o ministério de compaixão. Qual foi a grande questão? Apenas isto: que precisamos manter o propósito e a importância da adoração, como ministramos, e como ela representa Cristo para o nosso mundo.

A adoração não dá apenas a Deus a nossa atenção e afeição – com os quais Deus se apraz – mas também é feita num espírito de unidade que fortalece o nosso laço com os irmãos, o que também Lhe dá prazer. É através da adoração que Deus providencia a graça que cada um de nós necessita para sustentar a sua vida cristã. Esta graça capacita cada um de nós a ver o mundo como Cristo o vê e ministrar ao mundo como Cristo o faria.

Perguntas para Debate

1. Em que estilo de culto de adoração te sentes mais perto de Deus?
2. Tens memória de uma vez em que todas as gerações se congregaram juntas e viste a poderosa presença do Espírito Santo?
3. Em que ambiente adoras? "Dá o teu melhor a Deus" ou "vem tal como estás"?
4. Será que a tua forma de vestir para ir a igreja distrai os outros na adoração a Deus ou leva as pessoas a prestarem mais atenção em ti?

2.4 Regras e Relacionamentos

P: A minha igreja parece ter muitas regras. Esta foi realmente a intenção de Jesus quando Ele criou a igreja?

Definitivamente regras não são a essência da igreja. Contudo, é importante compreender que o nosso Deus é um Deus de ordem. Toma tempo para ler o livro de Levítico e vê quanta ordem há em Deus. Lê o livro de Números e irás descobrir quão específico Deus é; Ele quis saber exactamente quantas pessoas existiam em cada tribo.

Pessoalmente não gosto da palavra "regras" quando se fala da igreja. Identifico-me melhor com o conceito de "princípios orientadores" ou "limites" ou ainda "os lados da estrada." Já imaginaste um jogo de futebol sem limites? Seria uma experiência muito interessante para os jogadores começarem o jogo, e depois ver alguém a chutar a bola para as bancadas e ela caísse no colo de alguém! Todos os jogadores viriam a correr subindo as escadas na direcção do espectador, para chutar a bola. Certamente que nenhum dos espectadores escaparia aos pontapés enquanto os jogadores tentavam chutar a bola.

Isto, no entanto, jamais acontecerá porque os jogadores sabem que devem jogar a bola dentro dos limites do campo de futebol, e que quando a bola ultrapassar tais limites, devem parar e esperar pelo apito para recomeçar o jogo. É realmente muito engraçado ver um bom jogo de futebol que é jogado dentro dos limites.

Deus colocou alguns limites para a nossa vida, e parte do ministério da igreja é ajudar-nos a descobrir quais são esses limites. Novas questões se levantam com cada geração e cada cultura, e o nosso desafio é descobrir como viver à imagem de Cristo no mundo actual.

Uma vez perguntaram a Jesus "Qual o maior de todos os mandamentos (Mateus 22:34-40)?" O doutor da lei que fez esta pergunta a Jesus na verdade não queria uma resposta; era apenas um teste. A "lei" não nos foi dada para ser uma lista de regras que devem ser legalistamente seguidas, mas antes como princípios orientadores que nos ajudam a saber como amar a Deus e aos outros.

Aqui está um exemplo. Quando a minha esposa era uma criança, o seu pai disse-lhe para nunca deixar doces no quarto. A razão para tal instrução era porque eles viviam numa zona infestada de formigas que adoravam doces. Bem, a minha esposa não prestou atenção e deixou no quarto uma caixa de chocolates aberta. Nessa noite, quando ela se foi deitar, infelizmente não estava sozinha na cama! Não demorou muito para ela estar completamente coberta de formigas e durante muitos dias ela teve de carregar consigo marcas de mordeduras por todo o corpo. Aquela "regra" era precisamente para proteger Lori; não era apenas uma lista de regras que deveriam ser seguidas.

Se pensas que a igreja tem a oferecer apenas uma série de regras para obedecer, então eu gostaria de desafiar-te a dar uma vista de olhos à tua vida espiritual! Estás verdadeiramente a buscar Deus e queres ser tudo o que Ele tem em mente para ti? Tens estado a viver fora dos limites que Deus determinou e agora Ele está a traçar algumas linhas para te ajudarem a ver onde estás?

Gostaria de desafiar-te a procurar alguém na tua igreja com quem falar sobre as coisas que te parecem "regras" e perguntar, "Porque isto é uma regra?" Procura descobrir as razões por detrás das orientações e procura compreende-las. Acredito que acabarás por apreciar o coração e o espírito por detrás das regras.

Perguntas para Debate

1. Quais as regras que mais te irritam?
2. Sabes porque a nossa igreja tem esta regra? (se não, procura saber!)
3. Já alguma vez deste uma orientação ou uma regra a alguém e a pessoa não teve uma boa reacção? Fala com um amigo sobre como te sentiste.

capitulo três

SANTIDADE: AS QUALIDADES DUMA PESSOA SANTA

3.1 Buscando Deus Com Tudo
3.2 Buscando Deus Como Tu Próprio
3.3 Buscando Deus de Diferentes Maneiras
3.4 Buscando Deus Durante Tempos difíceis
por Clive Burrows

3.1 Buscando Deus Com Tudo

P: Jesus disse que o maior dos mandamentos é amar a Deus com todo o nosso coração, mente, alma e corpo. Como faço isso?

Jesus disse isto ao responder a um professor religioso judeu que Lhe perguntou qual era o maior de todos os mandamentos (Mateus 22:37, Marcos 12:30, Lucas 10:27). Mesmo existindo nessa altura 613 mandamentos reconhecidos, Jesus não indicou nenhum deles como sendo o mais importante. Ao contrário, Ele referiu-se a uma das mais conhecidas e memorizadas passagens do Velho Testamento (Deuteronómio 6:4-5):

"Atenção, Israel! Deus, o nosso Deus! Deus um e o único! Ama a Deus, o teu Deus, com todo o teu coração: ama-O com tudo o que há em ti, ama-O com tudo o que tens!" (A Mensagem)

Jesus mudou o foco das regras, leis e observâncias para os relacionamentos. Ao invés de nos dar meramente um 'mandamento chave' para obedecer, Jesus convida-nos a responder a Deus com um amor adorador. O amor está no centro de qualquer relacionamento.

João descreve como o nosso maravilhoso, único, incomparável Deus, que é absolutamente santo, derrama o Seu amor sobre nós (I João 3:1a), apaixonada e incondicionalmente. O amor de Deus não é um amor sentimental mas activo e transformador e espera o nosso em resposta. Apenas quando aceitamos ou recebemos o Seu 'amor transformador' seremos capazes de O amar de volta (I João 4:8b-10, I João 4:16b).

Nós só amaremos a Deus com todo o nosso coração, mente, alma e corpo quando permitirmos que o Seu maravilhoso e transformador amor inunde completamente os nossos corações e as nossas vidas.

Esta é a obra do Espírito de Deus, mas requer a nossa disposição para o receber e nos rendermos ao Seu senhorio. Uma outra palavra para isto é 'consagração': 'dar tudo o que conheço de mim mesmo a tudo o que conheço de Deus'. Deus não retém nada do Seu amor por nós e por isso Ele pede-nos para amá-Lo sem reservas, com tudo o que somos e temos e desejamos. Ele quer mais do que partes da nossa vida. Ele procura amor por inteiro, e não amor compartimentalizado. Quando permitimos que Cristo seja Senhor nas nossas vidas, então o nosso amor egocêntrico torna-se em amor Cristo-cêntrico.

Ama Deus, o teu Deus, com todo o teu coração. Ama-O com tudo o que há em ti. Ama-O com tudo o que tens!

Quando fizermos isto, tudo o resto, mandamentos, regras, etc., encaixamse. No Evangelho de Lucas, Jesus vai mais longe ao acrescentar, 'Ama ao teu próximo como a ti mesmo.' Esta é a extensão deste relacionamento e deste amor. Quando recebemos o maravilhoso amor de Deus e o devolvemos completamente, então o nosso desejo é amar aos outros da mesma forma como fomos amados.

Perguntas para Debate

1. As palavras de Jesus vieram de uma das escrituras mais conhecidas do Velho Testamento. O que é mais importante do que saber coisas acerca de Deus?

2. Porque um relacionamento correcto com Deus é mas importante do que códigos de conduta e manutenção de regras?

3. Porque é importante amar a Deus com mais do que apenas a parte espiritual da nossa vida?

3.2 Buscando Deus Como Tu Próprio

P: Tenho na minha vida muitos lixos que certamente não agradam a Deus. Como posso limpá-los para que possa ser um melhor cristão?

Esta é uma excelente pergunta porque reconhece que os cristãos muitas vezes têm na sua vida "lixo" ou coisas que entristecem e desapontam a Deus.

O ponto inicial da pergunta "como posso", é o âmago da questão. A verdade é que não podemos! A tendência humana é tentar "resolver nós mesmos a nossa vida". Algumas vezes até temos sucesso parcial em mudar algumas coisas, mas essas mudanças tendem a estar à superfície. É impossível para nós 'limparmos as nossas acções' o suficiente a ponto de nos tornarmos apresentáveis a Deus ou fazê-Lo feliz. Pelo contrário, devemos entregar-nos a Deus e deixá-Lo mudar e transformar completamente as nossas vidas.

Para tratar do real problema do lixo em nossas vidas precisamos da ajuda de Deus que pode tratar das questões profundas que causam ou permitem que o 'lixo' (ou pecado) entre em nós.

João di-lo da seguinte forma: "Mas se andarmos na luz, como Ele na luz está, temos comunhão uns com os outros, e o sangue de Jesus Cristo, seu Filho, nos purifica de todo o pecado. Se dissermos que não temos pecado, fazemo-nos mentirosos e não há verdade em nós. Se confessarmos os nossos pecados, Ele é fiel e justo para nos perdoar os nossos pecados e nos purificar de todo o mal" (I João 17-9).

O primeiro passo é reconhecer que há lixo (pecado) na nossa vida, mesmo como cristãos, porque quando o reconhecemos e confessamos, estamos ao mesmo tempo pedindo a Deus para que faça alguma coisa acerca disso. Precisamos chegar a Deus tal como estamos – como nós mesmos. Quando chegamos a Deus com esta atitude honesta, reconhecendo o nosso pecado, então Deus, que é misericordioso, amoroso e fiel, perdoa o nosso pecado. Isto retira de nós a culpa e responsabilidade, enquanto o Espírito de Deus trabalha a um nível mais profundo e transformador num processo de limpeza das nossas vidas das causas mais profundas do lixo e pecado, mudando e purificando as nossas atitudes interiores de egocentrismo, auto-satisfação, auto-interesse ou injustiça.

Isto muda não somente o nosso comportamento (o que acontece ao nível superficial da vida) como muda o nosso pensamento, atitudes e disposições, os quais governam e determinam quem somos e o que fazemos. Deixamos de ser egocêntricos para passar a ser Cristocêntricos e Cristo é o verdadeiro Senhor da nossa vida. Mas João também enfatiza que ao ocorrerem uma vez este perdão e limpeza, precisamos de viver de forma diferente. "'Andarmos na luz, como Ele na luz está… temos comunhão uns com os outros, e o sangue de Jesus Cristo, seu Filho, nos purifica de todo o pecado."

Portanto, precisamos da ajuda de Deus não só para tratar do problema do pecado e suas causas. Precisamos da ajuda constante de Deus para viver vidas Cristocêntricas, vidas à semelhança de Cristo! Assim, o Espírito de Deus capacita-nos a continuar a viver uma vida que honra a Deus.

Paulo também nos dá a mesma segurança ao escrever, "E que o Deus de paz, ele próprio, vos torne puros de uma forma integral. E que todo o vosso ser -espírito, alma e corpo - se mantenha plenamente sem culpa, até ao dia em que o nosso Senhor Jesus Cristo voltar. Deus, que vos chamou, é fiel. E ele tudo fará por vocês." (I Tessalonicenses 5:23,24, O Livro).

Perguntas para Debate

1. Que tipo de lixo impede os jovens de seguirem completamente a Cristo?

2. Se Jesus nos aceita tal como somos, é normal continuar igual ao passado e simplesmente continuar pedindo o Seu perdão?

3. Qual é o problema em tentar resolver os nossos problemas e endireitar a nossa vida antes de começar a seguir a Cristo?

4. Porque é tão importante continuar a viver uma vida Cristocêntrica como é receber o perdão e ser limpo por Ele em primeiro lugar?

3.3 Buscando Deus de Diferentes Maneiras

P: Não consigo tirar muito da leitura bíblica e a igreja é enfadonha. Ser cristão é mais do que ir à igreja e ler a Bíblia?

Certamente que ser cristão é muito mais do que ler a Bíblia e ir a igreja: no âmago de ser cristão há um relacionamento com Cristo.

Quando a parte do relacionamento for endireitada, então a leitura bíblica e a adoração tomam um novo sentido, nova profundidade, novo entusiasmo. Este relacionamento com Cristo tem de ser a prioridade. Paulo explicou o seu relacionamento com Cristo nos seguintes termos: "E, na verdade, tenho também por perda todas as coisas, pela excelência do conhecimento de Cristo Jesus, meu Senhor, por quem sofri perda de todas estas coisas, ... para que possa ganhar Cristo." (Filipenses 3:8)

Paulo frequentemente fala da vida do cristão como uma experiência "em Cristo." Com isto ele quer dizer que Cristo deve viver completamente na vida do cristão e que os cristãos devem viver as suas vidas duma forma completamente Cristocêntrica, tornando-se cada vez mais como Cristo no que são, na forma como pensam e no que fazem.

O nosso relacionamento com Jesus Cristo, o Filho de Deus, é o coração das Boas Novas. Não é, primeiramente, acerca dos cultos da igreja, a adoração formal e a disciplina das devoções diárias, mas sim sobre um relacionamento vivo, dinâmico e crescente com Deus através do Seu Filho pelo poder do Espírito Santo.

Quando a questão do relacionamento for resolvida, e esta é a prioridade, então a leitura da Bíblia e o ser parte da adoração na igreja começam a ter novo sentido, interesse e entusiasmo. A leitura bíblica deixa de ser uma disciplina enfadonha; torna-se parte do desejo de "conhecer a Cristo" que Paulo descreve como "excelência do conhecimento de Cristo."

Para se ter um relacionamento real com Cristo precisamos conhecê-Lo. É impossível ter um relacionamento profundo com alguém se apenas o conhecemos superficialmente. Paulo determinou como prioridade principal da sua vida conhecer Cristo mais e mais – assim devemos também fazer.

Mas a Bíblia não é o único lugar onde encontramos Cristo e O podemos conhecer. Fazemos isto vivendo para Ele, seguindo-O e obedecendo-lhe. Também aprendemos a conhecer Cristo através da adoração conjunta com outros que têm este mesmo relacionamento com Ele e estão na mesma jornada porque são parte da Sua família. Cristo chama-nos para a Sua família para sermos parte de uma comunidade de adoradores. A Igreja encontra sentido na adoração verdadeira conjunta de Cristo e no escutar a voz do Espírito de Deus da forma como fazemos. Nós não só aprendemos por nós mesmos como também aprendemos juntos como uma comunidade.

Isto não quer dizer que a adoração não tem de ser relevante, significativa e inspiradora para todas as idades e todos os grupos – deve ser assim! Nós ajudamos mais como participantes do que como meros espectadores. Devemos permitir que o Espírito de Deus nos ministre através do louvor.

Perguntas para Debate

1. O que pensas que significa "conhecer Cristo" e como podemos fazer disto uma procura duma vida inteira?

2. O que podes fazer para ajudar a que a adoração seja mais relevante e inspiradora para ti e teus companheiros?

3. Quais as tuas maiores dificuldades na leitura da Bíblia e como isto pode ser mudado?

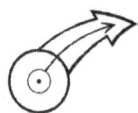

3.4 Procurar Deus Durante Tempos Difíceis

P: O meu amigo acabou de morrer e Deus parece estar tão distante. Há alguma coisa que eu possa fazer para voltar a sentir a Sua presença?

Experiências difíceis da vida atingem-nos a um nível emocional tão profundo que podem anestesiar os nossos sentimentos ou enviar-nos para um tumulto de raiva que nos levam a sentir longe de Deus. Os nossos sentimentos podem enganar-nos e convencer-nos que Deus está ausente, desinteressado, incapaz ou indisponível para ajudar. É importante lembrar que é normal sentir-se assim - é frequentemente parte do processo de desgosto.

Na verdade, todos passamos por tempos semelhantes, de secura espiritual ou falta de conexão com o Senhor Jesus. Isto pode ser consequência de algum pecado que deixamos entrar na nossa vida e está a crescer e interpor-se como barreira entre nós e o Senhor; ou às vezes é apenas uma questão de cansaço. Sempre que as emoções estão confusas, elas fazem-nos sentir longe de Deus mesmo que isto não seja o caso. Pode também ser causado por crises como o luto.

Só por si, as emoções nunca são um marcador seguro da espiritualidade. É maravilhoso experimentar pontos emocionais altos, mas o nosso relacionamento com Cristo não pode ser baseado em sinais ou respostas emocionais.

O que fazer quando Deus parece estar bem longe? Quando tenta ler a Bíblia e ela parece não ser mais do que meras letras impressas? Quando se ora mas não se consegue concentrar ou ligar e sente que parece estar a perder o seu tempo? O que fazer? Como renovar aquela intimidade com Deus?

Vamos concentrar-nos numa questão chave: o rumo para a intimidade com Deus não se baseia no conhecimento, nem no ritual ou no tentar com mais força, mas na obediência. Jesus diz em João 14:21, "Aquele que tem os meus mandamentos e os guarda, esse é o que me ama. E quem me ama será amado de meu Pai, e eu também o amarei e me manifestarei a ele."

A obediência é a chave para o restabelecimento da intimidade com Deus. Vejamos o que o versículo diz: "Aquele que tem os meus mandamentos e os guarda, esse é o que me ama." E depois recebemos a promessa – Jesus e o Pai virão e dar-se-ão a conhecer e far-se-ão reais para nós em resposta à nossa obediência.

Quando te sentires realmente em baixo e longe de Deus, abre a tua Bíblia e fala com o Senhor, "Neste momento não sinto nada, mas seja o que for que eu leia, vou considerá-lo seriamente e procurar uma forma de lhe responder (obedecer) e pôr em prática." Decide obedecer o que for que encontrares na passagem. Isto ajudar-te-á a reposicionar a tua espiritualidade e voltar outra vez para a direcção correcta. Não há nenhuma fórmula fácil ou instantânea, mas quando começamos a concentrar-nos na obediência, a intimidade e as emoções que a acompanham normalmente não estão muito longe. Abre a tua Bíblia, lê um parágrafo ou dois, e depois de alguma forma específica responde ao que leste. Ama-O e ama aos outros e certamente verás que Deus revelar-se-á numa nova forma.

Perguntas para Debate

1. O que a história do temporal no lago (Marcos 4:35-41) nos ensina sobre o amor de Jesus e Sua preocupação connosco nas experiências difíceis da vida?

2. Porque é perigoso depender dos sentimentos e emoções para compreender e experimentar a presença de Deus?

3. Paulo diz que "fé" é dádiva de Deus e vem do generoso amor e graça de Deus. O que podemos fazer quando a nossa fé é limitada, carente e fraca?

4. Em qualquer relacionamento há momentos de silêncio. Como agir quando Deus parece silencioso?

capitulo quatro

SANTIDADE: DISCIPLINAS ESPIRITUAIS

4.1 Escritura: Lendo e Lembrando
4.2 Oração: Falando e Escutando
4.3 Grupos: Confissão e Ligação
4.4 Quietude: Silêncio e Jejum
por Todd Waggoner

4.1 Escritura: Lendo e Lembrando

P: Não retenho muita coisa ao ler a minha Bíblia. Há alguma coisa errada com a Bíblia, comigo ou com a forma como eu leio a Bíblia?

Eu vou assumir que o problema está na forma como lês a Bíblia. Acreditamos ser a Bíblia a palavra inspirada de Deus, boa e benéfica para todos os cristãos (II Timóteo 3:16). Portanto, o problema não é a Bíblia. Dito isso, seria melhor procurares a disponibilidade de alguma outra versão ou tradução cuja leitura seja mais fácil para ti. A Bíblia também diz que grande parte da fé cristã parece loucura para os não crentes (I Coríntios 1:18). Mas o facto de estares levantando tal pergunta deixa-me entender que nem tu és o problema. Deus diz busca e encontrarás (Deuteronómio 4:29, Provérbios 8:17, Mateus 7:7) e tu estás claramente à procura. Portanto deixa-me ajudar-te a melhorar o teu método de leitura bíblica.

A primeira coisa a lembrar quando se lê a Bíblia é que, quanto mais a lês, melhor será para ti. Quando se estuda a Bíblia é normal centrar-se num capítulo, num versículo ou numa palavra, mas quando se quer ler a Bíblia o alvo deve ser ver quantos capítulos se pode ler de uma vez.

Uma outra coisa a ter em mente quando se quer ler a Bíblia, é verdadeiramente ler a Bíblia. É impressionante a quantidade de tempo que os cristãos gastam a ler livros sobre a sua Bíblia, sobre como ler melhor a Bíblia, sobre como ser um melhor cristão ou então livros sobre ficção cristã. Pára de ler livros sobre a Bíblia e simplesmente lê a Bíblia. E não desistas se te parecer difícil ou pouco produtivo. Para muitos de nós, ler está a tornar-se numa arte perdida. Muitas vezes, ler parece uma coisa estranha e difícil. Não desistas. Quanto mais leres, mais condicionarás a tua mente na descoberta do impacto da leitura.

Aqui está uma outra forma de melhorar os teus hábitos de leitura: grande parte dos cristãos lêem a Bíblia apenas quando alguma coisa está errada na sua vida e procuram uma resposta. Uma forma muito mais produtiva de ler a tua Bíblia é fazê-lo quando as coisas estão bem, e assim quando surgir um problema, voltas às passagens de que te lembras acerca de personagens que atravessaram situações semelhantes à tua. Por exemplo, se estás enfrentando tentações podes ir às histórias de José (Génesis 39) ou David (II Samuel 11). Se for caso de medo, procura as histórias de Daniel (Daniel 6) ou dos Discípulos (Mateus 8). Enfrentando uma altura de liderança, considera as histórias de Moisés (Êxodo 18) ou Paulo (Actos 15).

Finalmente, não tenhas medo do Velho Testamento. Para muitos de nós, o Velho Testamento é intimidador. Os nomes, lugares e tradições parecem velhos e podemos achar que não as compreendemos. Contudo, a maior parte do Velho Testamento é história e as histórias são universais. Embora possamos não compreender completamente os costumes ou as diferenças culturais das personagens, podemos contudo relacionar-nos com as suas emoções. E as personagens do Velho Testamento sentem muito. Eles sentem medo, preocupam-se, sentem vergonha, são fortes, felizes e sentem-se confusos. Eles riem alto com alegria, choram com dor e confortam os seus amigos. Estas são coisas com as quais todos podemos nos relacionar e são também as histórias que enriquecem as nossas vidas e tornam a leitura da Bíblia tão mais interessante.

Perguntas para Debate

1. O que posso fazer para melhorar quando e como leio a minha Bíblia?

2. Por causa do que me está a acontecer, com que personagem da Bíblia posso relacionar-me neste momento?

3. Como Deus usou a Bíblia para falar comigo no passado?

4. Como posso separar mais tempo durante o meu dia para ler a Bíblia?

4.2 Oração: Falando e Escutando

P: Os cristãos falam muito sobre oração, mas quando oro não oiço nada. Na verdade, sinto como se esteja a falar comigo mesmo, como uma pessoa maluca. Pode ajudar-me?

Primeiramente, precisas saber que não estás sozinho. Em segundo lugar, isso não significa que tudo está bem. Ser cristão significa ter um relacionamento com Deus, e oração não é outra coisa senão falar com Deus e escutá-Lo. Oração é como nos comunicamos, e comunicação é a coisa mais importante para a manutenção de um relacionamento vivo e saudável. É uma daquelas coisas das quais não podemos desistir. Vê a seguir alguns obstáculos que precisam ser ultrapassados.

A oração mais comum que Deus responde na Bíblia é um pedido de ajuda. O livro de Êxodo começa com Deus a dizer, "Ouvi o clamor do meu povo" (Êxodo 3). Muitos dos Salmos nada mais são do que David clamando por ajuda contra os seus inimigos (Salmos 17, 28, 55, 102, 143 e muitos outros). Jesus conta uma história do pecador que clamou, "Senhor, tenha piedade de mim" e recebeu a graça que estava a procurar (Lucas 18). Muitas vezes chegamos diante de Deus com arrogância e mandamo-Lo fazer alguma coisa para nós ou dar-nos alguma coisa que queremos. Oração é chegar humildemente e com mãos vazias diante de um Deus que é generoso nas Suas dádivas. Se queres que Deus responda às tuas orações, então pára de Lhe dizer para fazer isto ou aquilo e simplesmente clama por ajuda.

A segunda parte da oração que muitos de nós ignoramos é escutar a resposta de Deus. Embora Deus muitas vezes venha com o Seu poder, como no redemoinho em Job 38, de igual modo Ele muitas vezes fala suave e compassivamente. Tal como com Elias, Deus muitas vezes chega a nós como uma brisa silenciosa e sussurra verdade à nossa alma (I Reis 19). Precisamos saber como ficar confortáveis com o silêncio e lugares silenciosos, se alguma vez esperarmos escutar o que Deus está a dizer. Esta é uma das razões porque devoções matinais fazem tanto sentido para aqueles de nós que vivem em cidades. Precisamos chegar a Deus antes de começar a confusão das multidões, o buzinar dos carros e o grito dos vendedores, se alguma vez quisermos escutar os Seus sussurros.

Uma outra lição a ser aprendida com a oração é que precisamos ser persistentes. Jesus contou uma história de uma viúva que aparecia diante do juiz todos os dias clamando por justiça (Lucas 18). Finalmente, o juiz reconheceu quão importante a justiça era para essa viúva, a qual ele tinha mandado embora todos os dias, e garantiu-lhe o que ela tinha vindo a implorar. Nós também temos de chegar a Deus desta forma, Jesus continua a dizer. Isto ajuda-nos a compreender o que é realmente importante para nós. Pensamos que queremos alguma coisa, mas se não estivermos dispostos a continuar a orar por ela, lutar por ela, chegar diante de Deus e implorar por ela dia após dia, queremo-la verdadeiramente? Será que os pais cujo filho está doente no hospital oram apenas uma vez pedindo a Deus a cura para a sua criança? Não, oram sem parar, vez após vez, pedindo a mesma coisa a cada minuto de cada dia, esperando o movimento de Deus.

Uma outra forma de ouvir Deus é pedir-Lhe coisas que Ele quer dar, não apenas aquilo que queremos. Se queres ouvir o sim de Deus, não ores pelo mais recente brinquedo ou equipamento. Ao contrário, pede a Deus para te usar. Chega diante d'Ele como um servo disponível em busca de direcção e ouvi-Lo-ás a falar contigo muito mais rapidamente do que O ouvirias a responder ao teu pedido do último lançamento seja do que for que queiras.

Finalmente, é possível que a oração te pareça desconfortável porque estás a passar por um período de secura espiritual. É normal para muitos cristãos atravessarem por um período nas suas vidas quando Deus parece não estar tão perto quanto costumava estar. As orações não são respondidas como costumavam ser. A Bíblia não fala como costumava falar. Isto é normal, mas não significa que deves desistir até Deus parecer perto outra vez. Não, Deus usará estes tempos para nos ajudar a descobrir o quão importante Ele é para nós. Continua com as tuas orações, leitura da Bíblia e outras disciplinas espirituais. Deus logo recompensará a tua fidelidade com a Sua presença.

Perguntas para Debate

1. Quanto tempo passo por dia a falar com Deus?
2. Quanto tempo passo por dia a ouvir Deus?
3. Quando oro, passo mais tempo a dizer a Deus o que quero ou a perguntar-lhe para me mostrar o que Ele quer?
4. Como posso criar mais tempo de silêncio no meu dia para melhor escutar Deus?

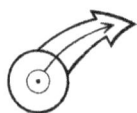

4.3 Grupos: Confissão e Ligação

P: Estou farto do cristianismo que é tudo sobre 'eu e Jesus'. Como igreja ou grupo de jovens, o que podemos fazer para crescer na nossa fé?

O teu desejo de passar de uma fé individual para uma fé de grupo é um alvo nobre. A Bíblia é uma 'história do nós'. No Velho Testamento, Deus está interessado em criar uma nação de israelitas, não apenas manter um relacionamento com um judeu. E no Novo Testamento Jesus começa o Seu ministério com a escolha de 12 seguidores (Marcos 1). Portanto é bom sentires que Deus está a trazer-te para a fé de grupo. Contudo, devo avisar-te que não será fácil. Quanto mais pessoas houverem, mais opiniões haverão. A forma como se resolverem essas diferenças, fará toda a diferença. Aqui estão alguns instrumentos que poderão ajudar-te.

A primeira coisa pela qual o grupo deve ser conhecido é amor. Jesus diz, "Nisto conhecerão todos que sois meus discípulos, se vos amardes uns aos outros" (João 13:35). Se o grupo não consegue conviver entre si, se não consegues relacionar-te com a pessoa com a qual não concordas, então não esperes que Deus seja glorificado pelo grupo. E se os alvos da tua igreja ou do teu grupo de jovens não são para glorificar a Deus, então é preciso repensar os alvos. Amar os outros é a forma de provar que amamos a Deus.

Lê as cartas do Novo Testamento para orientação. Paulo, Pedro, João e outros escreveram as suas cartas para a igreja primitiva que estava a passar por muito daquilo que o teu grupo passará. Questões de conflito, liderança, membresia, alvos de grupo e muito, muito mais são tratadas nas cartas do Novo Testamento. Fica atento à frase 'uns com os outros'. Esta é a forma de

Paulo dizer, "Não deixem de fazer isto." A lista inclui: saudar uns aos outros (I Coríntios 16:20), encorajar uns aos outros (I Tessalonicenses 5:11), educar uns aos outros (Romanos 15:14), levar as cargas uns dos outros (Efésios 4:2) amar uns aos outros (I Pedro 1:22).

Para o teu grupo ser bem sucedido, terás de criar um grupo onde reine a graça e a paz. Paulo abre todas as suas 13 cartas com estas duas palavras. A graça e a paz criarão um grupo onde pessoas com diferentes opiniões podem coexistir. A graça e a paz criarão um grupo no qual pessoas novas se sentirão aceites ao invés de julgadas. A graça e a paz criarão um grupo onde sonhos do tamanho de Deus são aceites e criarão raízes. A graça e paz criarão grupos onde os corações são transformados. A graça e a paz criarão um grupo onde o perdão reina sobre a culpa. A graça e a paz criarão um grupo ao qual os seus membros querem regressar todas as semanas e novas pessoas quererão juntar-se.

Finalmente, e provavelmente a parte mais difícil para se começar a fazer, o teu grupo precisa criar um tempo para confissão de fé e um tempo para a confissão dos erros. As confissões de fé, ou testemunhos, fazem duas coisas. Primeiramente, elas lembram os outros que Deus está a mover-se, Ele está a trabalhar na vida das pessoas, que responde às orações e que Ele ainda usa as Suas Escrituras para falar novas palavras. Segundo, as confissões da fé produzem verdades que não podem ser debatidas. Alguém pode discordar com o que o pastor disse no seu sermão, mas não pode dizer-te que o que experimentaste nunca aconteceu. As confissões dos erros, ou pedidos de desculpa, são também necessárias. Sempre que o grupo se reúne, pessoas podem ficar ofendidas ou magoadas. Quando isto acontece, alguém precisa dizer, "Peço desculpas" antes da mágoa se transformar em amargura ou raiva. Um lugar e tempo onde pessoas podem dizer, "Fui ofendido" e onde outros podem dizer, "Peço desculpas" será certamente um sinal de graça e paz onde a raiva pode transformar-se em amor. E amor é o que traz glória a Deus.

Perguntas para Debate

1. Quais algumas formas criativas através das quais eu posso mostrar graça, paz, amor e apoio aos outros quer na minha igreja quer no meu grupo de jovens?

2. Quem na minha igreja ou no meu grupo de jovens preciso perdoar?

3. Para quem na minha igreja ou no meu grupo de jovens preciso dizer perdoa-me?

4. Que sonhos do 'tamanho de Deus' tem Ele para a minha igreja ou grupo os quais não posso fazer sozinho mas precisam de todos?

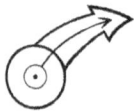

4.4 Quietude: Silêncio e Jejum

P: Sou uma pessoa muito ocupada. Há alguma coisa que eu deva parar de fazer para fortalecer a minha caminhada cristã?

A resposta mais simples é: sim. Desde o começo (Génesis 2), Deus tem-nos chamado para tempos de descanso, tempos de quietude, tempos do Sabbath. Portanto o teu desejo de parar de estar tão ocupado é um impulso bom e santo. Mas mesmo se tirares um dia de Sabbath todas as semanas, ainda assim haverá tempos durante o resto da semana nos quais quererás reservar algum espaço para um repouso tranquilo. Duas das formas que os cristãos, através da história, têm procurado parar de fazer coisas de forma a fortalecer a sua fé têm sido através do uso das disciplinas espirituais do silêncio e do jejum. Aqui estão algumas sugestões para começar estas duas disciplinas espirituais na tua própria vida.

Conhece a tua motivação. Se estás zangado com os teus pais e decidires não falar com eles, isto não é disciplina espiritual do silêncio. Faltar a uma refeição para perder alguns quilos é uma dieta, não um jejum espiritual. O propósito de todas as disciplinas espirituais é aplicar Tiago 4:8 (Aproxima-te de Deus e Deus aproximar-se-á de ti) às nossas vidas. Se isto for feito com seriedade, várias coisas acontecerão.

A primeira coisa é que passarás a conhecer Deus melhor. Salmo 46:10 diz, "Aquietai-vos e sabei que eu sou Deus." Quando procuramos lugares silenciosos e ficamos em silêncio, o sussurro da voz de Deus e o subtil empurrão do Espírito ficam mais fáceis de reconhecer. Parte de procurar o silêncio é ficar quieto. E quando estamos quietos observamos muito mais. Isto é porque o significado cresce com o tempo. Por exemplo, se fores a um museu de arte e olhares para uma pintura durante alguns segundos, repararás nas cores, formas ou personagens da pintura. Mas se examinares a mesma pintura durante alguns minutos ou horas, certamente começarás a descobrir verdades mais profundas. Verdades tais como a forma como as cores interagem umas com as outras, que o artista utilizou tons de uma só cor e não somente uma cor, que a pintura tem uma textura, que o artista colocou muitos detalhes no fundo e que não tinhas reparado, a forma como as personagens na pintura interagem umas com as outras. Da mesma forma, quando ficamos quietos descobrimos muito mais acerca daquilo que nos rodeia. Parte de ser um cristão maduro é simplesmente ter consciência de onde estamos (Colossenses 4:2) e fazer a pergunta "como Deus pode usar-me aqui?"

Uma terceira lição que aprendemos, na procura do silêncio e do jejum, é precisamente o quão egocêntricos somos. Quando jejuamos uma refeição e sentimos fome, isto ajuda-nos a lembrar de todos aqueles que comem apenas uma refeição por dia e os milhões dos menos afortunados que vão para cama com fome todos os dias. Ao escolher parar de falar, encontramos uma conexão com aqueles com dificuldades que não podem usar um dos seus sentidos, e repentinamente tornamo-nos um com os cegos, surdos, mudos e aleijados.

Se ainda continuas tendo dificuldade em criar um lugar de sossego, tenta sair fora da cidade (se vives numa cidade) ou então para longe das pessoas. Quando estamos cercados de coisas feitas pelo homem como casas, carros e outras coisas, ou mesmo muitas pessoas ao redor, é fácil pensar na grandeza do homem. Mas o nosso alvo é pensar na grandeza de Deus (Deuteronómio 33:2, Lucas 9:43). Portanto vai para algum lugar onde te sintas cercado pela natureza criada por Deus.Talvez alguma floresta ou outras coisas que crescem na natureza onde vives, montanhas, ou talvez o oceano esteja mais perto que o monte mais próximo, e os animais criados por Deus. Afasta-te das televisões, das rádios, do drama familiar ou dos amigos. Busca Deus na quietude, através do silêncio e do jejum e tenho a certeza que encontrarás o que andas a procurar.

Perguntas para Debate

1. Quando foi a última vez que tive um Sabbath (dia de descanso) e fiquei quieto?

2. Para onde posso ir para ficar cercado pela criação de Deus?

3. O que Deus poderia mostrar-me se eu tomasse tempo para verdadeiramente olhar para a minha vizinhança, escola, igreja ou mesmo grupo de jovens?

4. Que coisas eu poderia cortar da minha vida e do meu horário para criar momentos de silêncio e jejum?

capítulo cinco

MINISTÉRIO: PORQUE MINISTRAMOS

5.1 Deus Quer Isso
5.2 Somos Todos Filhos de Deus
5.3 Deus Está a Dirigir o Caminho
5.4 Somos Todos Sacerdotes de Deus
por Sabine Wielk e Tim Evans

5.1 Deus Quer Isso

P: Será que Deus se interessa ou quer que eu faça alguma coisa sobre a dívida dos países pobres, a crise do HIV Sida, fome mundial ou extrema pobreza?

Absolutamente! Ele se importa! Como podemos amar ao nosso próximo – algo que Jesus diz ser essencial (Mateus 22:37-40), sem nos importarmos com tais questões que moldam a realidade das nossas vidas? Estamos todos ligados. Apesar de "ligados" variar de lugar para lugar, a verdade é que nenhum de nós pode viver em isolamento. Pode ser o pedinte na rua por quem passas todos os dias e que pede um pouco de água ou alguma comida. Pode ser a criança da rua com necessidade de uma camisa e umas calças limpas.

Ou então pode ser quando vais às compras e lês no rótulo o lugar onde os produtos foram feitos. Algumas vezes diz que foi feito no teu próprio país e outras vezes do outro lado do mundo. Com tal ligação – onde quer que isto possa levar – o simples facto de teres pessoas a atravessar o teu caminho, através da internet ou através do noticiário – já vem com uma responsabilidade. Podes pretender que o pedinte não está lá, mas tu continuarás a vê-lo.

Podes pretender que a criança não precisa de ajuda, mas quando ela olhar para ti e pedir ajuda, qual será a tua resposta? Não podes querer que todo o mundo esteja feliz. Não podes pretender viver a tua vida sem os que te rodeiam, os que conduzem os autocarros nos quais viajas, aqueles que cozinham a comida que comes, os que produzem os bens que consomes. Importas-te com eles? Amamos os nossos vizinhos, independentemente se vivem a metros de distância, ou algures muito longe?

Qual o significado de "amar"? As coisas mencionadas na pergunta parecem esmagadoras. Ninguém por si próprio pode resolver os desafios que são descritos. Então, por onde começar? Através das Escrituras Deus chama o Seu povo para ser um povo que ama a misericórdia, pratica a justiça e anda humildemente diante d'Ele (Miqueias 6:8). Pode este ser o ponto de partida? Vê Isaías 1:16-17, Salmos 10, Mateus 5, Lucas 4, I João 3:16: quando exploras os Evangelhos, que tipo de Deus vês? Como Jesus trata as pessoas que encontra? Por quem se interessa Ele?

5.2 Somos Todos Filhos de Deus

P: Na minha igreja oiço muito o tipo de conversa "salvo versus não salvo", e as pessoas dizem que precisamos fazer com que os não salvos sejam cada vez mais como nós. Fazer mais pessoas como nós é a motivação para se fazer ministério?

Precisamos lembrar que quando falamos sobre salvar pessoas, estamos a falar de curar, restaurar e redimir coisas que estão quebradas. Deus está a fazer isto. E muitas vezes, Ele escolhe fazê-lo através de coisas que fazemos ou dizemos. "Fazer mais pessoas como nós" não pode nunca ser razão para o ministério. O ministério é consequência de amar a Deus e as pessoas (vê 5.1) e isto leva a que as pessoas perguntem porque fazemos o que fazemos, ou porque somos da forma como somos. Se a nossa vida reflecte o amor de Deus então frequentemente as pessoas são compelidas a segui-Lo. Imagina que seguir a Jesus é a melhor coisa que alguma vez te aconteceu. Não gostarias que outros soubessem disso? Não gostarias que as pessoas ao teu redor conhecessem Cristo também? Pode ajudar olhar para a salvação e a redenção como um processo contínuo. Sim, somos restaurados em e através de Jesus Cristo. Mas ao viver neste mundo, cada dia experimentamos a dor de relacionamentos quebrados, os desafios da escola ou do trabalho, a nossa necessidade de amar e ser amados mais e mais. Portanto a cada dia procuramos Deus para restauração e cura. E a cada dia o nosso desejo para amar mais, inspirar-nos-á e encorajar-nos-á a mostrar este amor aos que nos cercam. E isso trará cura e restauração àqueles que nos rodeiam. Se leres as histórias dos Evangelhos e no livro de Actos, consegues descobrir o que motivou Jesus a ministrar às pessoas ao Seu redor? Será que Ele o fez para ter muitas pessoas a segui-Lo? Vê o que diz Lucas 5:15-16.

O que motivou as pessoas a falarem aos outros acerca de Jesus? Será apenas para poderem dizer que havia mais pessoas no grupo de "seguidores de Jesus"? Ou será porque encontraram alguma coisa que transformou as suas vidas, salvou-as e então quiseram que todo o mundo soubesse acerca disso (como a mulher em João 4)?

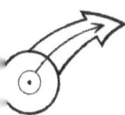

5.3 Deus Está a Dirigir o Caminho

P. Algumas vezes tenho a impressão que estou a fazer muitas coisas por Deus como se Ele estivesse a tirar uma folga. Onde está Deus quando eu, o grupo de jovens ou a igreja estamos a ministrar?

Há uma estátua de Jesus numa igreja em Soweto, Africa do Sul. Durante os anos do apartheid, alguns homens armados apanharam o sacerdote, arrastaram-no até à estátua e depois obrigaram-no a olhar enquanto disparavam sobre as mãos da estátua. Assim ainda hoje, a estátua continua lá com os seus braços estendidos, mas sem mãos. Fotos podem ser encontradas na Internet (procurar por Regina Mundi, o nome da igreja).

A estátua sem mãos é uma boa imagem de Jesus, de Deus e da forma como Ele escolheu trabalhar por nosso intermédio. Somos Suas mãos e Seus pés.

Por isso sim, quando nós como grupo de jovens, como igreja ou como indivíduos "fazemos ministério" pode parecer como se o estamos a fazer por Deus e Ele está de folga.

Mas isto é mesmo verdade? Imagina que Deus está sempre contigo em todo o tempo. Imagina que Ele é aquele teu amigo que está contigo enquanto estás a sujar as tuas mãos cuidando do jardim do teu vizinho idoso. Ou então que Ele está ao teu lado pintando aquela parede de uma escola, ou acompanhando-te na visita a alguém no hospital? Quando regressou ao céu, Jesus disse aos discípulos que Ele lhes enviaria o Espírito Santo para que tivessem força para ser Suas testemunhas (vê Actos capítulo 1 para mais detalhes). E foi precisamente o que Ele fez. Somos chamados para viver uma vida de comunhão com Cristo. O Seu Espírito Santo está a trabalhar em nós e fortalecendo-nos para O servir. Portanto, porque não começar a vê-Lo na pessoa daquela senhora idosa que traz flores todos os domingos para embelezar o santuário? Ou então na criancinha que dança enquanto canta?

5.4 Somos Todos Sacerdotes de Deus

P: Acho que tenho algumas boas ideias para ajudar os outros, mas não sou pastor, nem pastor de jovens e muito menos líder dos jovens. Devo deixá-los fazer o seu trabalho?

Alguém será capaz de encontrar alguma passagem na Bíblia que fala sobre o líder fazer tudo na igreja? O papel de um líder nunca é fazer tudo. A igreja apenas vive quando opera como um colectivo. É um corpo de crentes chamados a ser UM e que ministra conjuntamente (Efésios 4:1-6).

Nunca tenhas medo de ajudar outros ou compartilhar as tuas ideias com os líderes. Em I Coríntios 12, o que Paulo diz acerca do corpo de crentes? Cada crente tem um papel a desempenhar.

A raiz do significado de ministrar é "atender às necessidades" das pessoas: ser activo no processo de cura e cuidado pelos que estão precisando. Acreditamos no Deus que veio não para ser servido, mas para viver uma vida de serviço pelos outros (Mateus 20:25 até ao final do capítulo). A vida cristã é moldada pelo nosso amor uns pelos outros e para com Deus. Portanto, todo o ministério está enraizado na chamada para amar a Deus e uns aos outros.

Nós "fazemos ministério" porque somos feitos para ser um povo moldado à semelhança de Cristo o qual Se esvaziou a Si mesmo pelos interesses e necessidades dos outros (Filipenses 2:4-11). Sendo tal povo, tratamos as pessoas ao nosso redor como Ele o faria, com respeito e cuidado amorosos. Quando a igreja vive desta forma, ela aponta para a realidade de Deus e o Seu amor pelo mundo.

O Apóstolo Paulo em I Coríntios 12 usa a imagem de um corpo para descrever como cada seguidor de Jesus é importante e dotado. Ele insiste que cada parte do corpo, portanto cada um de nós, é importante e que não há nenhuma parte "desnecessária" que poderia simplesmente encostar-se e observar os outros. E quando ele escreve em I Timóteo 4, ele encoraja o seu amigo a ter confiança e ser um exemplo para os outros crentes.

Isto tem dois lados – não temos nenhuma desculpa para simplesmente "deixá-los fazer o seu trabalho" porque é igualmente nossa responsabilidade servir a Deus, servir as outras pessoas, como compartilhar as ideias que temos e encontrar formas de as pôr em prática. Não precisamos de um trabalho ou título para o fazer. Contudo, devemos fazê-lo bem, de forma a ser um exemplo – e também uma inspiração – para os outros. Assim fazendo, começarão a compartilhar das tuas ideias e ajudar-te-ão a encontrar formas de ministrares usando os teus dons.

Portanto, quem são as pessoas ao teu redor que poderiam ajudar-te a transformar as tuas ideias em realidade? Esperemos que aquelas, da pergunta, que têm o "trabalho" possam fazer parceria contigo e apoiar-te. E ficarás até mesmo surpreendido com outros que têem ideias semelhantes e com quem as poderias desenvolver conjuntamente. Como é que tuas ideias, postas em prática, poderão servir outros e através disso servir a Deus? O que te motiva? As tuas ideias, concretizadas em acções, edificam o reino de Deus? Estás activamente envolvimento em compartilhar o Seu amor com as pessoas que te rodeiam?

MINISTÉRIO: A QUEM MINISTRAMOS

por Kyle Himmelwright

6.1 Aos Perdidos

P: Jesus disse que veio buscar e salvar. Eu quero seguir os passos de Jesus, como posso fazer isto também?

Jesus na verdade veio "buscar e salvar" os perdidos. Pelo poder do Seu Espírito Santo, Deus graciosamente procura pessoas com quem possa manter um relacionamento, mesmo antes de descobrirem que Ele está à procura delas. Quando decidirem entregar suas vidas a Deus, é também Ele quem as salva. Não precisamos de "buscar e salvar" desta maneira. O que temos de fazer é andar diariamente duma forma semelhante a Cristo, para que quando as pessoas olhem para nós, possam ter uma representação adequada daquilo que Jesus é na realidade. Se dizes, "Quero seguir nos passos de Jesus," já começaste a fazer isto.

A jornada de seguir nos passos de Jesus começa com o reconhecimento que Cristo, como Filho de Deus, é digno de ser seguido! Contudo, a simples vontade de seguir a Jesus não é suficiente. Primeiro precisamos compreender quem Jesus era na terra e porque Ele deixou as Suas pegadas onde as deixou. Lê um dos primeiros três livros do Novo Testamento. Onde deixou Jesus as Suas pegadas? Com quem Jesus decidiu andar? Quando respondermos a estas perguntas, então entenderemos melhor onde e com quem precisamos andar.

Perguntas para Debate

1. Porque Deus te colocou onde estás? Com quem te associas?

2. Como podes mostrar de forma criativa, amor à semelhança de Cristo para com as pessoas na tua vida?

3. Alguma vez reparaste em alguém e pensaste que ela foi feita para fazer o que está fazendo? Porque pensaste assim? O que as torna perfeitas para esse ministério ou trabalho?

6.2 Aos Menos Considerados

P: Quero ver os meus amigos sendo salvos, mas evangelizar os meus amigos é o único tipo de ministério que preciso fazer?

Cada pessoa tem uma esfera de influência, um cantinho deste nosso imenso mundo onde o que faz ou diz tem efeito nas pessoas. Reconhecer que os teus amigos precisam de um relacionamento com Cristo e que tu podes fazer uma diferença é uma descoberta muito profunda. Também é muito profunda a descoberta que o nosso ministério é muito mais do que apenas evangelismo. Aqui é que a igreja entra em cena. Paulo, o primeiro missionário, comparou a igreja de Deus ao corpo humano. Cada parte tem de cumprir o seu papel para que o corpo funcione correctamente. Há algumas coisas que podes fazer para ajudar-te a descobrir que parte do corpo és e para que ministério Ele está a chamar-te.

Primeiramente, podes orar sobre o assunto. Deus dotou-te de forma única para um propósito particular. Este propósito não é algo que Ele queira guardar escondido de ti, mas sim que Ele quer que descubras. Quando oramos, procuramos e descobrimos o melhor que Deus tem para nós.

Segundo, pensa sobre como Deus te tem dotado em particular. Fazes amigos facilmente? Foste abençoado com capacidades musicais? És particularmente bem sucedido numa determinada área da vida? Se Deus te capacitou duma forma particular numa área em particular, provavelmente Ele o fez para que pudesses oferecer essa capacidade de volta a Ele para a Sua glória e serviço.

Próximo passo: pergunta a pessoas que te conhecem, que dons para o ministério vêem em ti. Muitas vezes falhamos em ver os nossos próprios dons porque assumimos que é assim que somos. Outras vezes a nossa tendência é sermos super críticos, não dando a nós mesmos um bocadinho de crédito pelas coisas que Deus nos capacitou para fazer bem.

Finalmente, oferece-te como voluntário para vários ministérios diferentes para descobrires que paixões Deus tem colocado no teu coração. Às vezes não nos apercebemos de uma oportunidade maravilhosa para serviço até que nos envolvemos e a experimentemos em primeira-mão.

Quando procuramos a vontade de Deus através da oração, reflectindo nos nossos dons particulares, conversas com os outros e experiências de primeira-mão, Ele dá-nos clarividência.

Perguntas para Debate

1. Quem são estes "menos considerados"?
2. Com quantos destes "menos considerados" tens contacto regular?
3. Quais são alguns dos dons que já descobriste que possuis?
4. Como podes utilizar os teus dons para executar uma parte das responsabilidades do corpo (igreja)?

6.3 Uns Aos Outros

P: Muitas vezes penso que os cristãos não são muito amáveis uns com os outros e deviam tratar-se melhor uns aos outros. A Bíblia diz alguma coisa sobre isto?

Reconhece-se um italiano pelo seu idioma. Pode dizer-se que alguém é polícia pelo seu uniforme. Reconhece-se uma criança pelo seu tamanho, e João 13:34-25 diz que pode reconhecer-se um seguidor de Jesus pelo seu amor. Como cristãos, somos chamados a amar para lá da nossa esfera familiar e do nosso círculo de amigos. Durante a sua mensagem do sermão da montanha em Mateus 5, Jesus desafiou os Seus ouvintes a amarem até mesmo aqueles que os odiavam.

A Bíblia é um grande livro, mas Jesus diz que ele pode ser resumido em apenas duas ideias chave: amar a Deus com tudo o que somos e amar as pessoas com as quais estamos em contacto tanto quanto amamos a nós mesmos. Deus é amor (I João 4:8) e Ele o demonstrou ao dar o Seu Filho para morrer por nós mesmo quando ainda estávamos a pecar contra Ele (Romanos 5:8)! Se a própria essência de Deus é amor, será que podemos usar o nome "cristãos" quando não somos capazes de amar aqueles pelos quais Cristo morreu?

Perguntas para Debate

1. O que é essencial no processo de alcançar o nosso mundo para Cristo?

2. Qual o papel do edifício no processo de alcançar pessoas? E uma Bíblia? Um pastor ordenado? A música? Uma denominação? E o dinheiro?

3. Quanto das brigas que ocorrem nas igrejas se centram em coisas não essenciais?

4. O que Mateus 18:21-35 nos ensina acerca do perdão?

6.4 À Terra

P: Sinto-me mais perto de Deus quando estou fora, em contacto com a natureza. Será que Deus se importa com coisas como o meio ambiente e a extinção dos animais?

O primeiro capítulo da Bíblia conta-nos que após completar a Sua obra criadora, Deus deu um passo atrás, analisou os resultados e o chamou de "bom." Desde os céus, a terra e as águas que Deus separou conforme o lugar de cada um, aos animais que andavam, nadavam e voavam, Deus estava feliz com o que tinha feito. E com Adão e Eva, Deus estava muito feliz. Na sua infinita sabedoria, Deus criou um equilíbrio de existência no qual os animais que não podiam nadar tinham terra para andar a qual estava cheia de comida suficiente para a preservação da vida. Os peixes tinham a água, e para os pássaros Ele criou o ar. Existiam biliões de organismos e eles foram complexamente ajustados numa obra-prima que apenas Deus o Criador podia fazer. O capítulo um de Génesis regista Deus dando a Adão e Eva uma, e apenas uma, pequena instrução: cuidar da Sua criação.

Cada vez que os seres humanos eliminam um habitat natural para construir uma nova auto-estrada ou um centro comercial, baralhamos o delicado equilíbrio e a ordem natural da obra-prima do Criador. Sempre que decidimos utilizar e descartar ao invés de reciclar, sempre que preferirmos conveniência em detrimento de sustentabilidade e sempre que consumimos mais rapidamente do que a criação pode reproduzir, distorcemos a criação de Deus tão certo como se pintássemos um X no meio da "Mona Lisa", a obra-prima de Leonardo da Vinci.

Tal como um grande artista assina a sua obra-prima, "os céus declaram a glória de Deus; o firmamento proclama a obra das suas mãos" (Salmos 19). Em outras palavras, sabemos alguma coisa sobre Deus porque temos visto a Sua obra.

Paulo compreendeu que a criação é na verdade um testemunho silencioso de Deus. Ele escreveu, "Pois os atributos invisíveis de Deus, desde a criação do mundo, tanto o seu eterno poder, como a sua divindade, se entendem, e claramente se vêem pelas coisas que foram criadas, de modo que eles são inacusáveis" (Romanos 1:20). Quando falhamos em cuidar da Sua criação, não apenas estamos a desrespeitar a Sua natureza criativa, como estamos na verdade a distorcer a Sua própria revelação pessoal.

Perguntas para Debate

1. Se hoje Deus desse um passo atrás e reavaliasse a Sua criação, Ele chamá-la-ia boa?

2. Quando olhamos para a criação de Deus, onde podemos ver Deus?

3. Lê Mateus 10:29. O que este versículo nos diz sobre o quanto Deus cuida da Sua criação?

4. Lê Colossenses 1:19-20. Cristo planeia apenas reconciliar o homem Consigo mesmo ou a Sua reconciliação é mais inclusiva?

www.ingramcontent.com/pod-product-compliance
Lightning Source LLC
Chambersburg PA
CBHW020442030426
42337CB00014B/1362